Just Atsam

L'Histoire de Just

Just Atsam

L'Histoire de Just
Attends-toi à Dieu!

Éditions Croix du Salut

Impressum / Mentions légales
Bibliografische Information der Deutschen Nationalbibliothek: Die Deutsche Nationalbibliothek verzeichnet diese Publikation in der Deutschen Nationalbibliografie; detaillierte bibliografische Daten sind im Internet über http://dnb.d-nb.de abrufbar.
Alle in diesem Buch genannten Marken und Produktnamen unterliegen warenzeichen-, marken- oder patentrechtlichem Schutz bzw. sind Warenzeichen oder eingetragene Warenzeichen der jeweiligen Inhaber. Die Wiedergabe von Marken, Produktnamen, Gebrauchsnamen, Handelsnamen, Warenbezeichnungen u.s.w. in diesem Werk berechtigt auch ohne besondere Kennzeichnung nicht zu der Annahme, dass solche Namen im Sinne der Warenzeichen- und Markenschutzgesetzgebung als frei zu betrachten wären und daher von jedermann benutzt werden dürften.

Information bibliographique publiée par la Deutsche Nationalbibliothek: La Deutsche Nationalbibliothek inscrit cette publication à la Deutsche Nationalbibliografie; des données bibliographiques détaillées sont disponibles sur internet à l'adresse http://dnb.d-nb.de.
Toutes marques et noms de produits mentionnés dans ce livre demeurent sous la protection des marques, des marques déposées et des brevets, et sont des marques ou des marques déposées de leurs détenteurs respectifs. L'utilisation des marques, noms de produits, noms communs, noms commerciaux, descriptions de produits, etc, même sans qu'ils soient mentionnés de façon particulière dans ce livre ne signifie en aucune façon que ces noms peuvent être utilisés sans restriction à l'égard de la législation pour la protection des marques et des marques déposées et pourraient donc être utilisés par quiconque.

Coverbild / Photo de couverture: www.ingimage.com

Verlag / Editeur:
Éditions Croix du Salut
ist ein Imprint der / est une marque déposée de
OmniScriptum GmbH & Co. KG
Heinrich-Böcking-Str. 6-8, 66121 Saarbrücken, Deutschland / Allemagne
Email: info@editions-croix.com

Herstellung: siehe letzte Seite /
Impression: voir la dernière page
ISBN: 978-3-8416-9930-5

Copyright / Droit d'auteur © 2015 OmniScriptum GmbH & Co. KG
Alle Rechte vorbehalten. / Tous droits réservés. Saarbrücken 2015

Table des matières.

Meditation..2

A propos de l'auteur..3

Pourquoi je te raconte cette histoire..4

Un début traumatisant...6

Mon séjour à Moanda..9

Méditation..11

Mon premier séjours à Libreville...12

Mon séjour à Oyem..14

Mon retour à Libreville..17

Mon parcours universitaire à Libreville et mes relations en amour....................21

Méditation..24

En partant du Gabon pour le Maroc..25

Mon arrivée en France...27

Dieu est vivant...32

Attends à Dieu...37

Méditation..45

Bibliographie...46

Résumé de l'œuvre...43

Les grandes destinées n'émergent pas des luttes, elles sont la conséquence de la connexion avec le Grand Esprit des destinées, Dieu.

Just ATSAM

I
A propos de l'auteur

Just ATSAM, né le 25 août 1988 à Libreville, est de citoyenneté gabonaise. Il a fait de nombreuses expériences avec Dieu depuis son plus bas âge. Il vécut très pauvrement durant les vingt premières années de sa vie, et pendant son enfance, il vécut des abus et des traumatismes de toutes sortes à la suite du divorce de ses parents. A ce niveau, tous les feux étaient aux rouges dans sa vie et la misère avec laquelle il faisait corps semblait se personnifier en lui et ne laissait aucune lueur d'espoir apparaître à l'horizon ni pour lui, ni pour aucun de ses quatre frères et de même pour ses trois sœurs. Il y a quelques années encore, Just ATSAM faisait hautement pitié et l'enfer s'en glorifiait. Mais bénit soit Dieu qui vit et règne depuis les cieux de nos cœurs que ce jeune homme qui sort de la maison la moins considérée de sa famille, est aujourd'hui celui à qui on parle avec révérence et qu'on traite avec dignité et respect. En effet, Dieu a essuyé la honte de son visage et l'a couronné de gloire et d'impact. Il apparaît aujourd'hui comme un chef-d'œuvre que Dieu a sorti des tuyaux parce qu'il est la preuve vivante d'un zéro devenu un héros par la grâce du Dieu Tout Puissant qui est capable de prendre des lépreux et en faire des hommes saints. Effectivement, n'eût été la bonté de Dieu, Just ATSAM n'en serait pas où il en est aujourd'hui. Actuellement, il est étudiant au cycle Master à l'université François Rabelais de Tours en France, au département des sciences du langage, option Linguistique avancée et appliquée. Et Dieu continue encore et toujours de l'utiliser pour qu'il soit au service de ceux qui veulent se retrouver avec eux-mêmes et avec la vie.

II

<u>Pourquoi je te raconte cette histoire ?</u>

Bonjour cher lecteur, je me prénomme Just et je suis sur le point de te raconter mon histoire. Et c'est justement la raison pour laquelle ce livre se retrouve entre tes mains présentement. Ne va pas croire que c'est du hasard car c'est effectivement pour toi que je vais prendre le temps de parler de mon vécu. Le hasard n'existant pas, tu devras dès à présent réaliser que tout évènement voire toute situation du monde obéit à un dessein. Ainsi, la chance et la malchance ne sont qu'invention et vue de l'esprit de l'homme. Je voudrais, de prime à bord, que tu saches que cette histoire est une histoire authentique que j'ai pendant longtemps gardé dans mon cœur et que personne avant maintenant n'en était informé. Toutefois, j'ai senti un profond désir de te la raconter, et ce, pour deux raisons essentielles. La première ayant pour objectif de te faire prendre conscience que si tu traverses des moments difficiles et terrifiants, il y a d'autres personnes qui passent actuellement par là et il y en a aussi qui sont passés par là et n'en sont pas mort. Par la grâce de Dieu qui tient toute chose dans sa main, ils s'en sont sorti. Et la seconde raison pour laquelle je suis sur le point de te parler de moi est celle qui voudrait que tu vois jusqu'où peut aller la puissance de Dieu dans la vie d'un homme sur qui aucun pari n'était possible et en qui aucune ombre d'espérance ou d'espoir n'était plus d'actualité. En effet, à cause des merveilles de Dieu et des grands travaux de réaménagement qu'il a entrepris dans ma vie, beaucoup de ceux qui m'ont vu vivre m'ont appelé à la rédaction de cette histoire, car rien n'était plus comme avant. Ils disaient avoir en face d'eux un nouvel homme sorti tout droit des laboratoires du royaume des cieux. *Alléluia !* Et je comprenais par la grâce de l'Esprit de compréhension, le Saint-Esprit, que je devais sortir cette histoire de moi parce qu'il y a une personne quelque part qui a certainement besoin de l'entendre pour que son moteur reprenne vie. Je sentais qu'assurément, Dieu voudrait communiquer quelque chose de Dieu à quelqu'un à travers mon vécu, à travers cette histoire, pour un nouveau départ. Alors, j'ai décidé de te la raconter car il se peut que cette personne soit toi. De ce fait, je m'éloigne de la tragédie qui atteint plusieurs personnes sur la terre ; la tragédie de la bouche fermée et des vies anonymes qui équivalent à leur absence. En effet, beaucoup de personnes ont des histoires qu'ils gardent au plus profond d'eux, sans jamais les sortir d'eux alors qu'une histoire, une seule histoire, peut sauver de milliers de vie. Car il suffit d'un témoignage pour que le mourant reprenne vie et que le désespéré recouvre la foi. C'est pourquoi tu dois comprendre que toute histoire vécue, est une préparation que Dieu opère auprès de la personne qui vit cette histoire pour de milliers d'autres gens qu'Il souhaite relever ou fortifier au travers du témoignage de cette personne qu'Il a préparé à propos. Car en entendant le témoignage, ils prendront conscience que la grâce est encore disponible et le bonheur possible. Ils comprendront que si Dieu arrive à faire ceci pour un homme, c'est qu'Il peut cela pour un autre homme. Il y a une puissance dans le témoignage, celle de redonner espoir (Jean3/26). C'est pourquoi il y a toujours une génération que Dieu visite pour que son histoire devienne une source d'inspiration pour plusieurs autres, qui sont à leur tour pris sous les tempêtes de la vie. Car lorsqu'ils entendront le témoignage, ils sauront qu'ils peuvent aussi sortir de là en s'appuyant à leur tour sur ce sur quoi s'est appuyée la personne qui s'en est sortie. C'est pourquoi il n'y a rien de plus tragique dans la vie d'une personne que celle d'avoir une histoire et de l'apporter au cimetière sans la raconter au monde. Lorsque ces personnes meurent, c'est une personne, une famille, un peuple, un pays ou une humanité qu'elles amènent sous terre avec elles. *Je prie Dieu que cela ne soit pas ton partage au nom de Jésus-Christ !*

As-tu un problème qui accable ton âme ? Quelque chose ne va-t-elle pas bien dans ta vie ? Ressens-tu un besoin que les mots n'arrivent pas à exprimer ? Veux-tu briser les chaînes ? Veux-tu commencer à croire là où la foi de tous s'évanouit ? Veux-tu que les gens s'arrêtent pour s'interroger : qu'a-t-il/elle fait que nous n'eûmes fait? Si tel est le cas, je pense que cette histoire va t'aider à relever la tête lorsque tu verras comment Dieu a pris un indigent pour en faire un roi à la table des rois. C'est donc Dieu qui veut te parler par ma bouche au travers de mon histoire pour te dire qu'il est là, qu'il est dans la barque et qu'il te fera traverser par sa grâce malgré la tempête (Matthieu 8/23-27). Crois seulement et tu verras Sa gloire de toute puissante (Jean 11/40).

Aussi, sache qu'un homme ne pourrait parler avec conviction que de ce qui s'est trouvé sur le chemin de son passage. Alors il va y avoir beaucoup de conviction dans tout ce que je vais te raconter ici. Et par la puissance du Saint-Esprit qui vit et agit en moi, je te communique cette conviction et je prophétise le don de la foi dans ta vie car c'est elle, la foi, qui t'aidera à faire exister ce qui n'existe pas et que seul Dieu peut faire exister parce que quiconque a la foi est à même de faire ce que Dieu seul fait : la foi est le secret des réalisations (Matthieu 21/21-22, Marc 9/23). Crois ! Car l'obstacle est une illusion et la foi, son dompteur. Dès que tu mettras ton premier pied dans l'eau, la mer commencera à se fendre sous tes pieds. Je te communique pour ce faire la foi, et j'ordonne à tout esprit ne confessant pas la Seigneurie de Jésus-Christ de s'éloigner de ton intelligence, au nom de Jésus de Nazareth !

III

Un début traumatisant

Après un mariage de quatre (4) ans, mes parents se font la guerre. Ils sont tous deux violents verbalement que physiquement. Mon père est un homme épidermique et bat ma mère tandis que celle-ci est querelleuse, chose insupportée par son mari. Ils se déchirent mutuellement et ma tendre enfance et celle de mes frères et sœurs en est affectée. Car nous avions l'impression d'être dans un champ de bataille dont les seules victimes étaient nous, les enfants. A cette époque, nous étions au nombre de quatre enfants et j'étais l'avant dernier et j'avais trois ans et mon petit frère avait juste quelques mois. Et je me rappelle de ce que nous vécûmes entant qu'enfants. Au final, ils divorcèrent en 1989, j'avais quatre ans et mon petit frère en avait qu'un seul. Et c'est cette séparation parentale qui marqua le début de mon histoire, de *l'Histoire de Just*. En effet, ma mère pris avec elle, mes deux aînés et les amena vivre dans une petite ville du nord du Gabon[1] appelée Oyem[2] situé à près de 112km de Mitzic[3], une autre petite ville située au sud de la première cité où mon petit frère et moi étions restés avec notre père. Et mon petit frère passait désormais son temps à pleurer de telle sorte que lorsqu'il pleurait notre mère, notre père le lui envoyait comme un colis, et lorsque chez notre mère il pleurait notre père, notre mère le renvoyait également tel un colis à notre père. Un petit enfant d'un an était entrain de payer un lourd tribut, celui de manquer de recevoir l'affection de ses parents, celui de ne pas voir ses deux parents réunis pour le protéger et pour lui inculquer des valeurs de l'esprit. Cette gymnastique dura donc un moment jusqu'à ce qu'il resta finalement avec mon père et moi. Mais lorsque nous étions tous seuls, nous pleurions en cachette, nous pleurions sous les bois, nous pleurions dans des coins isolés car nous ne voulions pas être vus par notre père. Nous craignions sa réaction. Quand il était là, nous faisions semblant d'être tout bien dans notre chair alors que la douleur de ne pas avoir maman nous rongeait de l'intérieur. Nous envions les autres enfants qui avaient la grâce de connaître la joie d'une famille unie avec papa et maman à la maison. Nous étions habités par un gros vide affectif maternel, c'est-à-dire un vide que seule une mère peut combler. Car, il y a des vides que seule une mère peut combler comme il en existent ceux que seul un père est à même de combler dans la vie d'un enfant. Il y a

---

[1] Petit pays d'Afrique Centrale avec une superficie de 266667 km^2 et une population d'environ 1500000.

[2] Capitale de la province du Nord GABON, et quatrième ville du pays.

[3] Quatrième ville de la province du Nord GABON.

donc des vides qui n'ont pas de palliatif ! C'est soit une mère ! Soit un père ! Et non une mère-père ou un père-mère ! C'est pourquoi je m'adresse au passage à tous ceux qui ont grandi entouré de leurs parents. Je voudrais vous dire que qu'importe la manière dont vos parents vous ont traité ou le degré d'amour qu'ils vous ont portés, qu'importe le nombre de fois qu'ils ont eu torts de vous, allez-y trois fois par jour les prendre dans vos bras, s'ils sont encore là. Si vous trouvez trois fois trop insuffisantes, je vous donnerai raison, et alors je vous y enverrai cinq fois par jour les embrasser. Car vous avez reçu ce que beaucoup d'enfants aux quatre coins de la terre n'ont jamais reçu, ne reçoivent pas et ne recevront jamais dans leur vie : la joie d'avoir papa et maman réunis, la joie d'avoir une famille, de savoir que cette dernière est là pour moi en cas de besoin.

Je veux que tu te rappelles de ceci, de la même sorte qu'en l'absence d'un père, un enfant est très tôt descendu dans la rue à cause de l'absence d'une autorité à ses côtés, en l'absence d'une mère, un enfant est très vite vulnérable car n'ayant personne pour le couver. En effet, le rôle d'une mère est de couver et de protéger ses enfants comme le ferait une mère poule pour ses petits, alors qu'un père a pour rôle de leur inculquer des valeurs disciplinaires. Un père ne peut donc pas prendre soin d'un enfant au sens d'une mère comme une mère ne peut pas discipliner un enfant comme un père. Ainsi, en l'absence de ma mère, je connus beaucoup de souffrances. Je fus plusieurs fois et quasi quotidiennement abusé sexuellement par un homme dans la petite ville où nous vivions. En effet, un homme d'une vingtaine d'années venait souvent me chercher chez mon père et allait abuser de moi, tantôt dans la broussaille qui était derrière chez lui, tantôt derrière le comptoir de ses parents quand ils étaient absents. J'avais à peine six (6) ans. Il venait comme un grand frère aux yeux des gens alors que j'étais son souffre-douleur. J'étais la « *petite copine* » qu'il s'était offerte dans le quartier. J'étais traumatisé à chaque fois que je le voyais apparaître à l'horizon. J'étais un enfant calme, timide, introverti, seul et très bègue. Pour cela, je ne m'exprimais pas souvent assez car il m'était difficile de formuler des phrases. Et j'avais peur de cet homme que je n'arrivais pas à lui dire non. J'avais peur qu'il me fasse du mal ou qu'il me retire son « *amitié* ». Car j'étais un enfant sans repère et en manque d'affection. Je voulais quelqu'un qui m'accepte. Cet homme l'avait certainement compris. Au lieu de m'aider, il se mit plutôt à me faire du mal. Je subis ces violences sexuelles pendant plus de deux ans et personne n'en su jamais rien. Et c'est toi qui m'écoute qui est la première personne à qui j'en parle ouvertement. Et au même moment, je veux rendre grâce au Dieu de mon salut qui vit et règne dans le tréfonds de mon être de m'avoir préservé de toute esprit sodomique et d'homosexualité qui m'a agressé dans ma tendre enfance. Car cet homme était un agent du mal qui voulait hypothéquer ma destinée en Christ, mon Seigneur qui est la seule raison pour laquelle je suis ici.

Ainsi, durant toute mon enfance et mon adolescence, il y avait eu une lutte intérieure, chose qui justifia ma précocité à connaître les femmes. Car, j'étais dans le désir d'affirmer ma masculinité et dire au passé qu'il avait tort à mon sujet. En effet, j'eus ma première copine à l'âge de 12 ans, et celle-ci avait quelques années de plus que moi. Et je devins père avec une autre fille à l'âge de 18 ans à peine. Car si la grossesse de cette copine de l'époque avait fait neuf mois au lieu de onze, je devenais père à 17 ans. Le passé me hantait et le traumatisme était important dans mes souvenirs et dans mon âme. J'en souffrais profondément. Les démons des abominations sexuelles frappaient aux portes de mon âme, mais gloire soit rendue à Dieu qui me permit de garder les portes fermées. Celles que ce méchant homme avait tenté d'ouvrir en son temps. *Seigneur mon Dieu, toi qui vit en moi et qui a fait de moi le trône de ta majesté, je te demande en retour de pardonner à cet homme qui m'avait fait du mal en abusant de moi sexuellement et au quotidien, car je lui ai déjà pardonné. Je veux qu'il soit libre comme je le suis devenu depuis que tu es entré dans ma vie et que tu as fait évanouir mon passé traumatisant et fais toute chose nouvelle en moi. Amen.*

IV

Mon séjour à Moanda

En 1993, notre père nous enleva de la petite ville où nous vivions pour nous amener à Moanda[4], une petite ville située dans la province Sud-Est du Gabon[5]. Ce voyage me permit de me séparer de mon bourreau sexuel. Là-bas, mon père inscrivit moi et mon petit frère à l'école cette année-là. Et j'eus cette fois pour persécuteur mon propre petit frère qui me maltraitait. Il crachait sur moi, mangeait toute la nourriture et ne me laissait que des os, mouchait son nez sur moi, et j'avais interdiction de lever la main sur lui car il semblait avoir plus de place dans le cœur de mon père que moi. A cause de cela, je commençais à le détester. Je détestais mon petit frère pendant une grande partie de notre enfance jusqu'au point où je n'aimais pas que nos corps se touchèrent. Sa peau était peu autorisée à toucher la mienne. Et s'il me touchait lorsque nous étions tous seuls, je le violentais. J'étais très nerveux et violent comme le sont la plupart des bègues. *Pardonne-moi Seigneur*. Car le simple fait que mon propre petit frère me touchait, me mettait grandement en colère ! J'avais développé beaucoup d'amour propre à tel enseigne que la seule personne qui m'importait c'était uniquement ma personne car j'avais l'impression qu'il n'y avait que moi-même pour m'accepter et pour m'aider. J'étais à la limite égocentrique, avare et très peu sensible au sujet des autres. *Mais aujourd'hui, je refuse de voir quelqu'un souffrir en ma présence sans rien faire, et je donne ce que j'ai à qui me demande ! Gloire te soit rendue, oh Dieu ! Toi qui change les cœurs de pierres en cœurs de chair. Alléluia !*

Aussi, à Moanda, j'attrapais déjà des poules dans la cours pour coucher avec elles et je voulais aussi sodomiser les enfants plus jeunes que moi. Car je voulais ressentir une certaine supériorité sur eux. J'aimais être celui qui tenait désormais les reines et qui disait déjà comment les choses devraient se passer. Au fait, sans le savoir, j'avais les blessures de mon agresseur fraîchement encore ouvertes dans mon esprit. C'est pourquoi j'avais le sentiment selon lequel, prendre la place du bourreau me donnerait une certaine supériorité sur les autres et une certaine affirmation de soi. J'avais envie de me sentir fort, d'être celui qui contrôle la situation et non plus le faible sur qui on pouvait tout faire et tout faire subir. J'avais déjà en moi toutes ces idées et ces sentiments obscurs alors que je n'avais encore que huit ans. Quelle tragédie ?! En effet, le diable avait déjà tout programmé: un homosexuel en herbe ! Mais il ne savait

---

[4] Ville de la province du Sud-Est GABON

[5] Idem.

pas que Dieu m'avait, quant à lui, prédestiné et qu'il me laissait passer par là pour sa gloire à venir et donc pour me rapprocher tout simplement de lui. Alléluia ! Certainement, le diable avait eu peur du plan parfait de Dieu pour ma vie, de ce que Dieu envisageait faire avec moi pour son Royaume. Le diable craignait que je devienne ce que je suis finalement devenu aujourd'hui : Un défenseur des principes du Royaume des Cieux ! Un émissaire du Ciel exclusivement dépêché par Sa Majesté Dieu pour venir coloniser la terre et lui communiquer la mentalité du Ciel (Genèse 1/26). Il a certainement eu peur que je sois l'homme de la situation, celui par qui Dieu répond aux questions que se pose la génération qu'il a élu, celui que Dieu appelle et qui répond : « *me voici !* » (Actes 22/21, Essais 6/8). Il a eu peur que je sois celui qui mobilise des foules et par qui Dieu ramène à la maison du père ceux qui sont égarés et qui marchent de la nuit vers la nuit sans destinée et en quête d'identité. Je crois de toutes mes forces et de toute ma foi que sa peur était fondée. Car je suis désormais un danger pour l'enfer parce que je ne quitterai pas cette terre avant d'avoir été celui par qui Dieu ramènera des multitudes aux quatre coins de la terre à lui et celui en présence de qui les démons se tiennent au garde-à-vous en disant : « *respect !* ». In Jesus name ! Alléluia !

Le feu par lequel vous passez, annonce la destinée vers laquelle vous partez. Car le niveau de l'épreuve révèle toujours la qualité du prix qui y est attaché.

Just ATSAM

V

Mon premier séjour à Libreville

Arrivé à Libreville[6] en 1994, nous habitions, notre père et nous, un peu partout et nous dormions très souvent aux endroits où la nuit nous trouvait. Nous squattions çà et là chez des gens que mon père connaissait et nous étions parfois reçus froidement ou avec des murmures parce que nous apparaissions comme des parasites. Parfois nous étions bien reçus, et d'autres fois nous étions rejetés. A des endroits, où notre père allait nous déposer mon frère et moi, nous dormions à même le sol sans couverture et nous étions servis dans des bols parfois sales. A cause de cette maltraitance, nous pensions à notre mère. Mais mon petit frère et moi évitions très souvent de parler d'elle car lorsque nous le faisions, notre père nous réprimait sévèrement. Nous étions sans domicile fixe, mais grâce à la solidarité africaine qui est don de Dieu pour ce peuple, il nous était toujours trouvé une place. Avec le temps, nous étions devenus des enfants de la rue car depuis trois ans, nous n'allions plus à l'école. Nous passions donc nos journées dans les rues de la capitale, nous nous faisions des amis qui avaient un peu de quoi manger. Nous étions tout sales et galeux. Car nous n'avions pas d'habits ni d'hygiène de vie. Nous nous habillions presqu'en haillon. Et pendant ce temps, notre père était devenu soïste[7]. Cette activité semblait bien lui rapporter un peu d'argent. Il pouvait donc s'occuper de nous, mais il ne le faisait pas. Il lui manquait la bonne fois d'un père préoccupé de l'avenir de ses enfants. Dans la maison de son ami où nous dormions au salon, nous restâmes là pendant plusieurs mois jusqu'au jour où notre père tomba gravement malade. J'avais neuf ans et je devais désormais m'occuper de lui. Je devais faire la cuisine pour qu'il mange. Je devais le soutenir par le dos pour qu'il se tienne debout lorsqu'il voulait faire mixtion. Je devais lui gratter les pieds pour qu'il arrive à se lever. Je devais veiller sur mon petit frère. Mon père avait énormément perdu du poids et la mort se lisait déjà à son chevet. Le monsieur qui nous hébergeait dans son salon commença à prendre peur. Car il ne connaissait aucun membre de notre famille et ne voulait donc pas se retrouver avec un cadavre dans sa maison. Je me mis alors à chercher dans la ville de Libreville si je pouvais voir un visage qui me serait familier. Je me mis à parcourir les rues et les ruelles de la capitale jusqu'au jour où je tombe finalement sur un cousin à moi, un frère en Afrique. Je lui dis que mon père était gravement malade.

---

[6] Capitale du Gabon avec environs 600000 habitants.

[7] En Afrique, c'est une personne qui fait de la braise de bœuf.

Il me suivit et arriva avec moi jusqu'au domicile où nous habitions, notre père et nous. Mon cousin n'en revenait pas car l'état de santé de mon père était fortement déjà dégradé. Alors, il alerta la famille et l'aînée de mes cousines, ma sœur, vint elle aussi à son tour et trouva mon père dans le même piteux état que l'avait trouvé mon cousin. Elle se mit à pleurer. Tout petit que j'étais, je ne réalisais pas la gravité de la maladie et du stade terminal de celle-ci. Et ce fut également ce jour que le voisinage su que nous avions de la famille. Car rien ne le prouvait avant, vue le genre de vie que nous menions. Ma cousine et mon cousin prirent alors mon père et l'évacuèrent deux jours après au village situé à plus de 500 km de là, car il souffrait d'une maladie qui n'est jusqu'à présent soigné qu'à l'indigénat ; la jaunisse. Mon frère et moi fument envoyé aussi au village car nous n'avions personne pour prendre soin de nous. Mais avant d'y aller. Je séjournais, mon petit frère et moi chez un cousin à mon père et celui-ci me transforma en un ventilateur humain. En effet, c'est moi qui faisais du vent à cet homme avec le couvercle d'un seau. Je m'assoyais du matin au soir. Et je ventilais son corps sans manger ni boire. C'était un homme méchant, je ne pouvais donc pas lui dire ma fatigue. Et qu'est-ce qui pouvait me donner ce courage de lui dire que je n'en pouvais plus ?! Et pourtant il avait des enfants, mais c'était moi qui étais privé de jeu et de liberté. Chez ce monsieur, je cauchemardais et je n'arrivais plus à dormir tout seul. Car à chaque fois que je fermais les yeux, je voyais un homme vêtu de blanc me pourchasser et je voyais aussi le diable lui-même. L'homme qui me poursuivait était souvent vêtu d'une longue robe blanche qu'on appelle boubou en Afrique et a sorti d'un foulard de même couleur, et le diable avait des pieds en sabots, une fourche, une queue en aiguillon et deux cornes sur le visage. Il avait une peau rouge et il était d'une laideur indescriptible. Dormir était désormais un défi pour moi. Car aux portes du sommeil, les démons m'y attendaient. C'est plus tard que je compris que j'avais été proposé à un autel satanique pour être offert en sacrifice afin d'enrichir une poignée de personnes avide de pouvoir et d'argent. Mais je ne passais pas au bouché, l'une des personnes instigatrices et soupçonnée qui voulaient me donner en sacrifice mourut quelques temps après ces évènements. C'est pourquoi je veux que tu saches que qu'importe ce que les sorciers manigancent en secret contre toi, c'est Dieu qui a le dernier mot dans la vie d'un homme. A cette époque, je ne connaissais pas encore Dieu, mais Dieu, quant à lui, me connait déjà et m'avait préservé de la mort. Exactement comme aux jours de Jérémie ! Alléluia ! (Jérémie 1/5). Dieu te connais et Il t'a pensé. Ta venue sur terre est la conséquence d'une pensée bien mûrie. Tu es celui que Dieu a pensé pour un projet bien ficelé qui manifestera sa gloire et qui donnera une explication à ce pourquoi tu es ici (Essaie 49/5). Dieu utilise ses Images pour refaire la tapisserie du monde ! Chaque Image de Dieu est ici pour une partie du puzzle. Et tout le puzzle sera reconstruit au nom puissant de Jésus-Christ !

VI

Mon séjour à Oyem

J'arrivais à Oyem à l'âge de dix ans, au mois de septembre 1995. C'était la première fois que mon petit frère et moi revoyions notre mère après une séparation de plus de six ans. Nous nous prîmes dans les bras. Nous pleurâmes parce que c'était une chose qui n'était plus jamais arrivée depuis sa séparation avec notre père. Elle pleura de joie. Nous aussi nous pleurâmes pour les mêmes raisons. Je revis mon frère ainé et ma grande sœur. Nous rencontrions enfin, mon petit frère et moi, des gens avec qui nous avions des liens directs, et cela me faisait personnellement une drôle d'impression. Car je n'avais presque jamais connu la fraternité ni ce qu'on ressent d'être avec les siens. *Mais qu'il est inexprimable la joie qu'on ressent de retrouver sa mère après l'avoir cherché durant toute votre enfance ! S'il vous plaît, ne séparez jamais les enfants de leur mère !*

Quelques semaines après notre arrivée à Oyem, notre mère nous inscrivit de nouveau à l'école. Car ça faisait trois ans déjà que nous n'étions plus scolarisés. Ma mère m'inscrivit alors en CE1[8], niveau auquel je passais trois ans plutôt. Et conséquence, je ne puis tenir car je ne savais ni lire ni écrire. Et l'année d'après, ma mère me rétrograda donc en CP2[9], j'avais presque douze ans déjà. Et cette année-là, je fis la rencontre d'un ami au nom de Jean-Paul. Ce dernier devint plus qu'un ami pour moi. Il était devenu un frère, un tout. C'est lui qui m'apprit à lire. Et ma première lecture, je m'en rappelle comme si c'était hier, s'intitulait : « *Loulou va à l'école...* » Quand j'avais maîtrisé cette lecture, j'avais maîtrisé toutes les autres et je devins le meilleur élève de la classe et mon ami me secondait de suite.

Toutefois, les souffrances n'étaient pas finies pour autant. En effet, j'allais en classe pieds nus car ma mère n'avait pas de moyen pour les huit enfants que nous étions devenus parce qu'elle en avait fait d'autres après nous. Souvent, quand les condisciples me demandaient pourquoi je venais pieds nus en classe, je leur répondais que j'avais mal aux orteils et que je ne pouvais donc pas porter de chaussures. Je leur disais aussi que j'avais piétiné une bouteille cassée qui m'aurait blessée sous le talon, ce qui faisait que je n'étais pas à même de porter ni une chaussure, ni même une babouche. Et ils me demandaient par sympathie de montrer la blessure pour voir si

---

[8] Cours Moyen première année.

[9] Cours Moyen deuxième année.

c'était grave, mais je ne leur montrais jamais la fameuse blessure du talon. En vérité, je venais pieds nus parce que je n'avais pas de chaussures et parce que je n'avais pas de babouche. Je l'avoue aujourd'hui.

Aussi, j'étais renvoyé à chaque fois pour non payement de la scolarité. Alors, j'allais en classe clandestinement et je m'assoyais, en ce moment, tout au fond de la classe pour ne pas être repéré par les surveillants lors des inspections. Je voulais tout même être scolarisé. Et ma maîtresse qui me voyait, ne me mettait jamais à la porte. J'avais l'impression qu'elle comprenait ma situation d'une part, et d'autre part, je pensais qu'elle me laissait là parce que j'étais son meilleur élève. Et aujourd'hui, je comprends finalement qu'elle comprenait que je n'avais rien. En effet, nous menions une vie de misère. Trouver quelque chose à manger relevait de l'exploit. Ainsi, j'allais en classe affamé car nous faisions parfois plusieurs jours d'affilés sans rien mettre sous la dent. J'allais donc en classe avec le vertige. Et un jour, je voyais chaque personne en trois à cause du vertige de la faim. Parfois, mon ami Jean-Paul m'amenait de la nourriture depuis chez lui, pliée dans des feuilles de cahiers. Il emballait des morceaux de viandes dans ces feuilles de cahiers avec du manioc et me les amenait dans l'après-midi à l'école. Il le faisait avec la plupart des repas qu'on lui servait chez lui. Et quand, je n'avais rien en dehors des journées de cours, j'allais chez lui les matins pour y passer le midi. Jean-Paul fut la première personne qui me témoigna de beaucoup d'amour. Car lorsqu'il avait, je pouvais me réjouir pace que j'avais toujours une part avec lui. *Que Dieu te bénisse Jean-Paul. Je lui rends grâce parce que tu es au final devenu chrétien. Alléluia !*

Mais lorsque je n'allais pas chez Jean-Paul, je subissais le même sort que mes frères et sœurs. En effet, nous restions toutes les journées affamés et mangions ce que Dieu nous accordait à partir de 4 heures du soir car c'est ce qui nous amenait au lit 5 heures plus tard c'est-à-dire à 9 heures du soir. Nous dormions assez tôt car nous étions la seule maison, partout où nous avions été locataires, à être dans l'obscurité la nuit tombée. Nous louions des cases de fortunes parce que ma mère ne pouvait pas faire mieux. C'est le seul type de maison qu'elle pouvait nous offrir. Et lorsqu'elle n'arrivait plus à payer nos loyers, les bailleurs nous y évacuaient et parfois avec peu de dignité humaine. Ne pouvant plus s'en sortir et se sentant asphyxié par la charge, notre mère devenait dure à vivre.

En effet, notre mère avait un caractère sensible et ne se faisait pas prier pour vaquer à la querelle. Elle faisait donc la guerre à chacun et à tous. Mais là que le bât blesse, c'est que nous étions devenu les premières personnes sur qui elle faisait cette guerre. Elle nous mettait mal à l'aise car elle ne passait jamais plus un moment avec nous sans qu'elle ne s'énerve. Tout l'énervait et rien ne lui faisait plaisir. Elle était comme une mère serpent qui, après avoir pondu des œufs, se débarrasse aussitôt de ses petits. Mes aînés avaient du mal à la supporter, et lui tenaient parfois tête. Elle savait toujours nous déstabiliser, et nous nous éparpillions lorsqu'elle s'acharnait sur nous. Il est à noter que nous n'étions pas aussi des enfants irréprochables car nous faisions parfois mal certaines choses. Par exemple moi, j'étais égocentrique et je n'arrivais pas à prendre soin de mes frères et sœurs tout comme chacun d'entre mes frères et sœurs avait aussi quelque chose de pas bien et que notre mère lui reprochait. Mais nous étions tyrannisés par notre maman qui n'arrivait pas en vérité, à nous dire ça souffrance. Car la paix avec elle était toujours de courte durée. Etait-ce sa façon à elle de nous dire sa souffrance ? Certainement ! Etait-ce son infirmité physique qui lui rendait amère envers nous et envers la vie ? Car parfois elle réclamait son pied qu'elle avait perdu lors d'un accident de voiture alors qu'elle était encore une jeune fille. Et après ce drame, elle attirait peu de regard, bien qu'elle fût une très belle femme. *Je sais que Dieu a un plan pour cette femme et qu'Il lui fera beaucoup de bien encore. Je crois fermement qu'elle expérimentera la joie d'avoir été mère. Je souhaite à toutes les femmes la maternité. Car c'est une bénédiction de l'Eternel.*

VII

Mon retour à Libreville

Je revins à la capitale en août 1999, à l'âge de 14 ans à la recherche de mon père. En effet, je m'étais enfoui de chez ma mère un mois d'août 1999 pour revenir à Libreville auprès de mon père qui s'était finalement rétabli de sa maladie. Car l'esprit querelleux de notre mère m'y avait obligé. A mon arrivée, j'habitais d'abord chez l'aînée de mes cousines, ma sœur, celle qui envoya mon père au village se faire soigner. En effet, quatre ans plus tard, alors que j'étais parti à l'âge de 10 ans à peine, je puis me retrouver sur la route qui menait jusqu'à chez elle. Pendant que je me dirigeais chez elle, nous nous rencontrâmes sur le chemin, elle fut très surprise qu'elle n'eut pas de mots. Elle avait un regard qui semblait me demander ce que j'étais revenu faire, mais ne pouvait non plus me demander de retourner, puisque j'étais déjà là, elle m'accueillit donc chez elle et je restai là.

Des jours passèrent sans que je rencontre mon père et sans qu'il ne sache que j'étais de retour à Libreville. Je me mis alors à le chercher moi-même dans la ville. Ma cousine fut irritée par cette action car elle disait que je pouvais me perdre. Finalement, c'est le mari de ma cousine en question qui rentra en contact avec mon père et qui lui dit que j'étais chez eux. Il vint alors le soir d'après me voir me chercher pour que nous allions chez lui.

Nous arrivâmes à la demeure de mon père. C'était une vieille cabane faite toute de tôles toutes rouillées. Elle était toute inclinée que tout vent impétueux pouvait entrainer sa chute à toute heure. Il n'y avait pas de lit, juste quatre planches collées les unes aux autres avec un matelas déchiré, aminci par la durée et usé par le temps. Cette case n'avait véritablement pas toiture. Ainsi, nous pouvions recueillir de l'eau de pluie sans avoir besoin de quitter le lit car toutes les pluies qui tombaient traversaient la toiture de la case et entraient directement dans la maison. Nous remplissions donc souvent nos récipients étant allongés sur le lit parce que nous mîmes en place un dispositif qui nous permettait de recueillir toute l'eau que nous voulions recueillir lorsqu'il pleuvrait. A la saison des pluies, nous étions comblés car n'ayant pas d'argent pour louer une pompe d'eau chez un particulier, nous utilisions l'eau de pluie pour tous nos besoins : cuisson, lessive, vaisselle et bain.

En saison sèche, nous n'avions pas d'eau. Alors mon père et moi devenions des voleurs d'eau potable. En effet, il y avait un compteur d'eau qui passait juste derrière notre cabane, alors tous les samedis soir à partir de 24 heures, nous détachions la tête de ce compteur et nous remplissions tous nos récipients, et nous remontions le compteur comme nous le trouvions. Nous pratiquions cette exercice toutes les deux semaines et aux mêmes heures. Et donc, l'utilisation était minutieuse. Ainsi, l'eau volée nous servait à boire et à faire nos petites cuissons, quant à l'eau du bain, nous la prenions dans le marigot pollué accueillant toutes les eaux souillées du quartier. Ce marigot passait également juste derrière notre cabane. Et tout le monde pensait que c'est de cette eau que nous buvions puisque ne nous voyant pas prendre de l'eau chez quelqu'un dans le voisinage ni ailleurs. Mais ils ne savaient pas que cette eau nous servait juste pour le bain. Ainsi, nous la faisions bouillir au feu de bois et nous la filtrions du mieux que nous pouvions avec de vieux tissus, puis nous l'utilisions pour la toilette.

Sur le plan scolaire. J'avais été inscrit par ma cousine ainée dans une école primaire à quelques pas de là. Pour m'y rendre, je passais derrière les maisons car j'avais honte qu'on voit d'où je sortais et qu'elle était ma réalité. Car je craignais qu'on se moque de moi. Mais un jour, les condisciples surent finalement où j'habitais et se moquèrent finalement de moi. J'eus honte. En effet, j'étais le meilleur élève de ma classe et tous les condisciples voulaient savoir où j'habitais pour, soit venir me voir, soit venir travailler. Mais personne ne savait où j'habitais. Ils prirent donc eux-mêmes l'initiative de chercher mon domicile. Ils se renseignèrent et tombèrent sur ma cabane. Ils furent très surpris que c'était là, dans cette cabane, l'endroit où vivait celui qui était affectueusement appelé par leur enseignant « *la dernière cartouche* ».

La même année, je passais le Certificat d'Etude Primaire (CEP) et je l'obtins. Mais, je ne puis passer le concours d'entrée en 6ème parce que je n'avais pas d'acte de naissance. Je repris donc mon CM2. L'année d'après, je refis ma classe. L'année était largement amorcée et les dossiers des candidats au concours d'entrée en 6ème se constituaient et se déposaient déjà. Cependant, je n'avais toujours pas d'acte de naissance alors que j'étais le meilleur élève de la classe. Alors un jour, je fouillais les effets de mon père en son absence, je trouvais une feuille d'acte de naissance non rempli, mais signé. Je pris donc cette feuille, je la remplis de ma main en diminuant mon âge réel d'exactement trois ans, puis, je la photocopiai, et je photocopies la photocopie, cette manœuvre me permit de constituer mon dossier d'examen, ensuite, je l'ai déposé, il fut retenu, enfin, je passais le concours et je le gagnais haut les mains et me retrouvais en 6ème. *Alléluia ! Alléluia ! Alléluia! J'ai toujours un frisson quand je pense à cet événement. Le premier acte de naissance que j'avais eu était fait de ma propre main !*

Depuis mon retour à Libreville, j'étudiais avec la bougie. Moi-même j'en fabriquais parfaitement. Je gardais la matière fondante que je faisais fondre à nouveau au feu de bois dans des boites et de vieilles petites casseroles ramassées çà et là dans les poubelles. Après avoir réchauffé le produit, je le versais dans les bols cylindriques ayant auparavant servis soit pour une crème de peau, soit pour une huile de cuisine, soit pour un produit quelconque qui demandait l'usage d'un contenant en forme cylindrique. Avant de verser le produit fondu dans ces pots, j'installais d'abord un fil qui me servait de mèche en faisant un trou au fond de la paroi pour l'y attacher. Une fois le fil mis en place, je retirais mon produit du feu et le versais immédiatement dans le bol cylindrique avant qu'il ne refroidisse. J'en fabriquais suffisamment pour tenir assez longtemps. Ainsi, je passais parfois deux à trois semaines sans avoir besoin d'en fabriquer à nouveau d'autres. Je fis cet exercice durant de longues années. En effet, c'est la bougie qui m'avait accompagné dans mes études du CM2 au collège et du collège au lycée, jusqu'en classe de 1ère. Au collège tout comme au lycée, je parcourais 14 km par jour avec 300 Francs CFA, soit 40 centimes d'Euros par jour. Et je ressentais la souffrance dans mon corps et dans mon âme. Je voyais les regards de personnes qui prenaient parfois pitié de moi. Dans leurs regards, je lisais des expressions telles : quelle tragédie ! Quelle souffrance ! Quelle misère ! Va-t-il s'en sortir !? Car ils ne voyaient pas une ombre d'espoir. Ils voyaient le ciel fermé sur ma tête.

Aussi, je ramassais des chaussures usées dont personne ne s'en servait plus et c'est ce avec quoi je négociais de commencer et de terminer l'année scolaire. Je me rappelle encore d'une expérience que j'avais vécue. J'avais effectivement une amie avec qui j'avais fait ma classe de CM2 et qui était déjà dans un établissement différent de la mienne, à chaque fois que j'allais lui rendre visite, ses condisciples de classe m'appelaient par un nom qu'ils avaient tirés de la chaussure que je portais. Quand ils me voyaient donc apparaître à l'horizon, ils se mettaient tous à rire et à murmurer entre eux en disant : « Regardez ! La Timbôkô ! La timbôkô arrive ! Il arrive ! » Ils pensaient que je n'entendais pas ce qu'ils disaient de moi, or, je faisais juste semblant de ne rien entendre. Car je n'avais aucune raison de leur montrer que j'étais au courant de ce qu'ils disaient de moi et que je savais l'image qu'ils avaient de moi. En effet, j'avais une très vieille paire de chaussure de marque *Timberland* qui n'avait plus de semelle. La partie avant semblait regarder le ciel, et mon pied était à peine protégé dans cette godasse de fortune. C'était donc la première chose qu'on pouvait remarquer quand j'arrivais quelque part.

Concernant où nous habitions, mon père et moi fûmes expulsés de la vieille cabane par les propriétaires qui avaient vendu la parcelle à un particulier. Nous allâmes alors vivre dans une maison inachevée et nous cohabitâmes avec les chiens errants que nous trouvions là. Les propriétaires des lieux nous demandèrent également quelques temps après de libérer ces lieux, nous le fîmes et allâmes louer une chambre mal achevée dans les constructions chez une veuve et nous vécûmes là pendant six ans. Car nous payions un loyer mensuel de 10.000 Francs CFA, soit environ 15 Euros. Mon père voyait mon envie de réussir et de ne plus être sous l'emprise de la misère. C'est alors là qu'il me fit un jugement au tribunal de Libreville, j'étais déjà en classe de 4ème. Il se mit à l'œuvre pour moi comme une personne qui voulait rattraper le temps, comme une personne qui voulait se racheter de quelque chose. Il fit la pêche nuit et jour dans le marigot pollué dans lequel nous prenions notre eau de bain et devint un pêcheur connu dans le quartier, en effet, nous n'habitions jamais loin de ce marigot. Il me payait désormais les livres pour que je ne sois pas en retard comparé aux autres. Il cherchait déjà à ce que j'ai des habits, de bonnes chaussures, des paquets de bougies à ma disposition. Il me bénissait toutes les nuits et tous les matins au réveil. En effet, nous partagions la même couche car il n'y avait pas suffisamment de planches ni d'espace pour faire deux lits. Mon père et moi partagions la même couche jusqu'à mes 22 ans. Il fit tout pour moi. Et je veux que Dieu bénisse mon père pour ce qu'il a œuvré dans ma vie. Et je souhaite que toi à qui je raconte cette histoire, puisse également bénir cet homme. Car je ne te raconterais pas cette histoire s'il n'avait pas été là. Il a tout fait. Il s'est racheté et il m'a aidé à m'en sortir. Mon père s'appelle Emmanuel EFFAYONG. Je veux que ce nom reste dans l'histoire. Il n'a pas été un bon père au début, mais il l'a été à la fin. Or, la fin d'une chose vaut mieux que son commencement (Ecclésiaste 7/8). *Je prie alors que Dieu tienne compte de ce qu'il a fait pour moi et qu'il trouve grâce à ses yeux lorsqu'il le rappellera à lui. Au nom de notre Seigneur Jésus-Christ.*

Et alors que nous étions encore locataires chez cette veuve depuis six ans déjà, un ami à mon père lui proposa un studio. Nous acceptâmes la proposition et allâmes vivre dans cet appartement. Ce fut la première fois de ma vie que je dormais dans une maison éclairé c'est-à-dire alimentée en électricité domestique. Je passais mon baccalauréat dans cette maison et je l'obtins la deuxième année car je l'avais raté la première fois. Pendant ce temps, l'état de santé de mon père se dégradait déjà parce qu'il prenait de l'âge. Ainsi, arrivé à l'université, je congédiais mon père de s'occuper de moi. Car il avait déjà fait ce qu'il avait à faire et donc sa mission me concernant s'arrêtait en classe de Terminale.

VIII

Mon parcours universitaire à Libreville et mes relations en amour

Mon parcours universitaire est modeste. J'avais timidement commencé à l'université Omar BONGO (Libreville) car j'avais déjà ce rêve que Dieu avait mis en moi et que jusqu'à présent, beaucoup de ceux qui m'ont côtoyé, n'ont jamais vraiment compris. Et c'est tout à fait normal parce que personne ne peut mieux voir le rêve que Dieu rêve en toi si ce n'est toi-même. Assez souvent, on te prendra pour une personne déréglée, pour une personne irréaliste. Alors qu'on n'a pas besoin d'être réaliste dans la vie. On a besoin d'être vrai parce que Dieu est vrai c'est-à-dire qu'Il est vérité. Et beaucoup de gens se sont refusés de prendre rendez-vous avec eux-mêmes et avec l'histoire parce qu'ils se sont fiés à la réalité ne sachant pas que c'est la vérité qui crée la réalité et que s'ils se fiaient à la Vérité en eux, leur réalité deviendrait toute autre. C'est vraiment l'ignorance qui décime le peuple de Dieu (Esaïe 5/13, Osée 4/6). Cependant, c'est lorsque ce que Dieu a mis en toi vient à manifestation que les gens commence à croire. *Oh, Seigneur, ouvre notre intelligence !* Alors, beaucoup de gens ne m'ont pas pris au sérieux au sujet de ce que je vis avec Dieu en moi, d'une part. Et d'autre part, j'ai compris plus tard que tout ce que j'avais vécu et subi dans ma vie avait été de me conduire à ce carrefour important où Dieu m'attendait depuis qu'Il m'avait pensé dans l'éternité. *Alléluia !* Arrivé donc à l'université, et lors de mon passage en 2ème année, je voulus voyager pour aller dans une école pastorale au Canada, mais je me fis arnaquer par une société qui disait facilité l'immigration pour le Canada. Et au même moment, j'essuyais un échec à la faculté cette année-là. Je compris que le temps n'était certainement pas encore arrivé pour moi et qu'il me fallait encore attendre. Souvent, nous confondons la voix de Dieu aux trois voix qui trompent l'homme : la voix du monde, la voix du diable et la voix de l'homme lui-même. *Que Dieu nous inonde toujours de son Esprit afin que nous sachions toujours distinguer sa voix du reste.*

Arrivé ainsi en ma 3ème année de licence, tout commença à se bouger pour moi à la Faculté de Lettres et Sciences Humaines (FLSH). Je devenais super connu auprès des étudiants et des enseignants. Je fus même élu cette année-là comme représentant des étudiants de 3ème année de Lettres. J'étais respecter et abordé par tous car je prenais toujours la place de serviteur avec mes condisciples et mes enseignants. Arrivé en Master 1ère année de Lettres, je fus reconduis au poste de représentant des étudiants haut la main sans concurrents. Car ceux-ci s'étaient tous retiré de la course. Ils comprenaient l'importance que j'avais aux yeux de la grande majorité. Ce fut ma dernière année à l'université de Libreville car l'année d'après, j'étais attendu à l'université François Rabelais de Tours, en France.

En amour, je ne tombais que sur des filles qui avaient une condition sociale bien plus stable que la mienne. Avant que Dieu ne m'emporte dans cette belle histoire d'amour que je vis avec lui c'est-à-dire avant que je devienne chrétien, j'avais connu une fille avec qui j'avais eu mon premier enfant à l'âge de dix-huit (18) ans à Oyem[10] que j'ai prénommée Orlive. Cette fille était bien avec moi, mais ses parents, notamment son père, venait souvent insulter ma famille de pauvre et de miséreuse. Un jour, il me poursuivit avec un chevron pour m'assommer. Car, disait-il, j'étais un choix indécent pour sa fille. En effet, cet homme était un vieux fonctionnaire de banque à la retraite. Comment sa fille pouvait-elle alors se mettre avec le crève-la-faim que j'étais ? Il disait à sa fille qu'elle déshonorait leur famille. Malgré toutes ces menaces, la mère de ma fille continuait de m'aimer. Mais deux ans après, elle commença à s'adonner à plusieurs autres hommes. Car, me disaient ses sœurs, il fallait bien qu'elle s'entretienne. Or, moi je n'étais pas à même de répondre à ses besoins. Ses sœurs me conseillèrent de ne pas en tenir rigueur, mais je ne puis le supporter, je la quittai, notre fille avait trois (3) ans.

Je connus une autre fille, plus bourgeoise que la première. Nous nous connûmes au lycée, en classe de 2$^{nde.}$ .Elle allait toutes les vacances dans les grands pays du monde avec ses parents et me ramenait toujours des présents. Nous fîmes quatre ans ensemble et nous restâmes chastes tout ce temps. Mais nous nous fréquentions toutes les fois qu'on le pouvait. Un jour, sa mère surpris l'un de mes messages alors qu'elles étaient en vacance à l'étranger. De retours au pays, sa mère m'appela pour que je me rendis chez eux, chose que je fis. Et quand j'arriva sur place, elle ne me demanda pas de m'asseoir, toute de même, je m'assis et voici la première question que me posa cette dame :

- *Comment es-tu arrivé ici ?* Cette question me surprenait.
- *J'ai pris un taxi*, lui répondrai-je.
- *Donc tu n'es pas véhiculé ?* rajouta-t-elle.
- *Non*, dis-je.
- *Ton père travail où ?* me demanda-t-elle encore. Mais j'eus du mal à répondre à cette question car elle me mettait très mal dans ma chair. Alors, je lui mentis.
- *Mon père est un comptable à la retraite.* Dis-je avec très peu de conviction car je savais que mon père pataugeait dans la boue des marigots pollués de Libreville pour nous trouver quelques poissons à manger.

---

[10] Idem.

La dame dût se rendre compte que je cherchais à lui mentir à ce sujet, alors elle m'envoya au balcon de sa maison et me dit :

- *Tu vois toutes ces voitures ?* En effet, il y en avait de toutes les marques.
- *Oui. Je vois.* Avais-je répondu à la dame qui me regardait du haut avec une méprise prononcée dans son regard.
- *Crois-tu que ma fille prendra les taxis dans sa vie ? Crois-tu qu'elle se mettra sous un soleil de plomb pour faire du stop ?* Lorsqu'elle me posa ces questions, je voulus me volatiliser comme de l'essence en plein air.

Cette femme m'insulta copieusement. Elle me descendit, me dégrada et me fit voir que je n'étais rien, que je ne valais rien et que je ne serai rien. Elle voulut me jeter par le balcon car leur maison était au premier étage. Je ne la laissai pas faire. Je me retirai du balcon et je sortis tout diminué, déshumanisé, chosifié et honteux. Elle me fit réaliser que la pauvreté est véritablement le signe de la malédiction. Car c'est ce que devint le couple adamique après leur péché. Il n'avait plus rien, c'est pourquoi il devait désormais cultiver le sol pour avoir de nouveau quelque chose à manger pour survivre (Genèse 3/23). Et ce fut à la suite de cette humiliation que cette fille de riches se retira de moi.

Mais aujourd'hui, je peux bénir Dieu car ma future épouse est une femme de caractère. Nous sommes fiancés depuis quelques années déjà et elle est patiente de moi. Son premier souhait est que j'aille avec Dieu où Il veut m'amener. Elle me soutient et comprend mon langage. Elle m'apporte ce qu'elle a et je suis souvent surpris par ses contributions. Il est vraiment vrai que l'homme qui trouve une femme a trouvé le bonheur (Proverbes 18/22, 31/10-12). Car mon bonheur est véritablement en cette jeune femme dynamique qui a choisie de m'accompagner dans cette belle aventure avec Dieu. Alléluia ! Je suis heureux en Dieu pour elle car je sais que nous arriverons loin par la grâce de Dieu et par la puissance du Saint-Esprit qui nous fortifie chaque jour davantage.

Servez Dieu et Dieu mobilisera les gens pour votre cause. Il appellera les gens à vous servir au moment où vous en aurez le plus besoin et dont vous vous y attendrez le moins. Il mettra le monde à vos pieds ainsi que les corbeaux pour que vous voyiez sa gloire et pour vous rappeler de sa fidélité.

Just ATSAM

IX

En partant du Gabon pour le Maroc

Je partis de mon pays un 14 septembre 2014 avec juste 150 Euros en poche et certaines personnes m'avaient pris pour un fou, tandis que d'autres me traitèrent d'aventurier et de suicidaire. C'est la raison pour laquelle elles ne m'avaient pas aidées. Elles regardaient à ma position sans tenir compte du mouvement que j'étais entrain de faire dans la vie. Certainement, dans leurs cœurs, ces personnes devaient se dire : « *tu es sans ressource et tu as envie de faire de grandes choses !?* » « *Ne serais-tu pas plus sage et humble de viser ton nombril que tu atteins plus facilement que de viser la lune que tu ne peux pas atteindre ?* » « *Sois réaliste ! Arrête de rêver, tu n'arriveras à rien !* » « *D'autres ont essayé, et avec des moyens bien sûr, mais ont échoué ! Or toi, avec si peu, où comptes-tu aller et que comptes-tu faire ?* » « *Je ne peux pas investir mon argent sur un perdant né !* » Et beaucoup de rêves et de rêveurs de Dieu sont morts à cause de cette catégorie de personnes. Mais à toi qui rêve, je veux te dire de dire oui à tes rêves. Tu auras, certes besoin de temps pour voir la manifestation physique de ce qui bouillonne en toi, mais n'attends pas ! Rien ne se passe sans action car c'est ton action qui provoque la réaction de Dieu. C'est pourquoi, je veux te dire de ne jamais écouter les personnes qui tentent de te décourager. Leur action tendra très souvent à vouloir voler les meilleurs espoirs de ton cœur. Seulement, armes-toi de patience et de persévérance car elles sont le plus court chemin du succès. Et crois surtout en Dieu ! Puis crois également en toi ! Effectivement, en ce qui me concerne, j'allais en France pour la poursuite de mes études de master linguistique avancée et appliquée à l'université François Rabelais de Tours. Je savais que 150 Euros étaient insignifiants face aux responsabilités que je devais assumer, à savoir le payement de ma scolarité à l'université, le payement de mon logement et la subvention à tous mes autres besoins. Cependant, j'étais au courant d'une chose, c'est que même sans moyens financiers, je ne manquerai de rien. Je savais que tout viendra à moi et que j'obtiendrai satisfaction de tous mes besoins. Je savais que j'aurai tout, et que ma réussite dans ce voyage étonnera plus d'un. Car je savais que Celui que je transporte en moi prévoit toujours de la provision où Il envoie ceux qui sont conscient, (et parfois pas), qu'Il est en eux.

Ainsi, je pris une compagnie aérienne qui faisait escale à Casablanca, au Maroc, et c'était la première fois que je sortais de mon pays. Car avant, je n'avais jamais voyagé. Arrivé alors à l'aéroport Mohamed V de Casablanca après plus de sept (7) heures de vol, je me perdis parce que je ne savais pas où me rendre pour le prochain avion et j'avais été mal renseigné. Je pensais aussi que mes bagages descendaient là et seront par la suite transférés dans le prochain avion. J'allai donc au service bagage où je passai plus d'une (1) heure, et c'est là qu'on me dit que mes bagages ne descendaient pas à Casablanca Mohamed V, mais à Paris Orly. C'est ainsi que je courus comme un fou au terminal d'embarcation et on me dit que mon vol était déjà parti. Je me rendis de suite à l'agence de la compagnie qui me transportait depuis le Gabon pour voir ce qui pouvait être fait pour moi, les agents de cette boite me dirent qu'il n'y avait aucune solution si ce n'était que reprendre un nouveau billet d'avion et dont le plus bas prix était de 360 Euros. Je sentis comme si on me sonnait un marteau sur la tête. Je leur dis que je n'avais que mon argent de poche et qu'il ne s'élevait qu'à 150 Euros. Ils me dirent qu'ils ne pouvaient rien pour moi, que c'était 360 Euros ou rien. Je me sentis perdu et je me posai la question suivante : « *Que vais-je faire dans ce pays arabophone ? Ma vision n'est pas ici, mais en France puis aux Etats-Unis pour ma pastorale. Que vais-je bien faire ici ?* » Je fus déboussolé et je n'eus plus d'autres alternatives si ce n'est que de m'asseoir par terre en plein aéroport. Et je pleurai comme une petite fille. Je pleurai comme une madeleine. *Oh, mon Dieu !* Quelques temps après, je revins à la raison. Car je sentis quelqu'un me parler, et cette personne me posa une question essentielle. Elle dit : *Qui t'a sorti de ton pays et qui t'a amené jusqu'ici ? [Oh, Dieu est mystique, mystère et mystérieux !]* Je me levais de là où je m'étais assis en sanglot, je repartis à l'agence de la compagnie en question. Je m'assis en face des agents en services, sur les chaises réservées aux clients en attente. Et je priais en ces termes : « *Seigneur mon Dieu, toi qui vit en moi, manifeste encore ta puissance dans ma vie comme tu l'as fait pour que j'arrive jusqu'ici. Et comme tu le fais depuis ma naissance. Manifeste-toi. Car je n'ai que toi et je ne m'attends qu'à toi. Au nom puissant de Jésus-Christ. Amen.* » J'étais toujours assis là, que, quelques minutes après, rentra un homme qui me trouva la tête entre les mains et le regard perdu dans le vide. Il s'approcha de moi et me demanda si quelque chose n'allait pas. Je pris alors la parole pour lui expliquer ce qui m'arrivait. Sans que je n'eus fini de lui exposer ma situation, il me demanda mon ancien billet, et alla auprès des agents qui étaient en face de moi. Il parla avec eux et revint quelques minutes après et me demanda de payer 120 Euros. *Alléluia !* Alors, je donnai 120 Euros pour mon nouveau billet. Et étant donné que le prochain vol m'était programmé deux jours plus tard, du coup, je pris une chambre de fortune à Casablanca pour deux nuits avec l'aide de cette personne qui m'avait aidée et je payai le moyen de transport, le tout me revenant à 25 Euros. Deux jours plus tard, je pris bel et bien mon vol et j'arrivai à Paris Orly en France après deux heures et demi (2h30) de vol avec seulement 5 Euros dans la poche qui valent 3.275 Francs CFA environ.

X

Mon arrivée en France

J'arrivai à l'aéroport d'Orly à Paris le mardi 16 septembre 2014 à 22 heures. Quand je mis mon premier pas sur le tarmac de l'aéroport d'Orly, je priai sur le pays qui m'accueillait. Je priai pour moi et dis : *Je prends en possession ce pays. J'incline en ma faveur les cœurs des citoyens de ce pays et tout ce que j'entreprendrai dans ce pays me réussira, au nom de Jésus ! Je proclame ma bénédiction dans ce pays. Et je proclame qu'à partir d'ici, j'arriverai où l'on ne s'attendait pas à me voir par la puissance du Saint Esprit qui vit et règne en moi. Je proclame que ce pays va m'allaiter à la mamelle comme une mère allaite sont nourrisson, au nom de Jésus. Amen !* Et je pris le bus qui nous amenait aux contrôleurs de frontières avant l'entrée sur le territoire français. Je passai la frontière. Il ne me restait qu'à poursuivre ma route. Mais sur moi, je n'avais toujours que 5 Euros. Or, je devais me rendre à Châteauroux chez la sœur d'un ami pour qu'elle m'héberge un moment comme je m'étais convenu avec elle avant mon départ du Gabon. Mais avant d'y penser, je me rendis d'abord au service bagage pour mes effets et je retrouvai bel et bien mon sac. Cependant, il manquait le colis de la sœur de mon ami chez qui j'étais attendu. L'agent de service et moi procédâmes à la fouille, mais nous ne trouvâmes pas ce sac colis. Il me fit donc signer un document attestant qu'il me manquait un bagage et qu'il me sera livré une fois retrouvé.

Aussitôt, le défi de Châteauroux me revint à l'esprit après cette fouille de ce sac manquant. Car je n'avais rien pour payer mon déplacement. C'est ainsi que, sans trop savoir comment, l'agent de service et moi sympathisâmes et causâmes comme des personnes qui s'étaient déjà croisées au paravent. De suite, je lui dis ma situation financière et les difficultés de voyage que j'ai rencontrées. Sans réfléchir pour sa part, il m'offrit 42 Euros. *Alléluia !* Je compris que ce colis c'était momentanément perdu pour que j'obtienne l'argent du transport. *Très souvent, Dieu permet des choses que nous trouvons folles au début, mais que nous finissons toujours par ne comprendre qu'à la fin et acclamer la sagesse qu'elles comportent.* Au petit matin donc, je m'engageais vers l'inconnu et je me retrouvais finalement à la gare d'Austerlitz où on m'avait indiqué que je pouvais prendre le train qui allait à Châteauroux. Arrivé sur les lieux, on me fit entendre que la ligne Châteauroux n'était pas disponible en ce moment-là. Cependant, on pouvait lire sur les panneaux d'annonces cette annonce : « *Départ pour Tours dans 15 minutes.* » Or, c'est à Tours qu'était l'université qui m'attendait et c'était là-bas ma destination finale. Je ne réfléchis donc plus trop. Je payai le billet de train et je m'embarquai dans cette locomotive qui allait à Tours. Je ne connaissais pas où j'allais et je n'avais personne à Tours pour me loger. C'est ainsi que je pensai à une cousine dont j'avais gardé le numéro de portable et qui vivait en Bretagne dans le Nord-Ouest de la France. Je l'appelai alors en empruntant un portable à un passager qui était dans la même rame que moi. Je lui dis que j'étais déjà dans le train et que je me rendais à Tours. C'est comme ça qu'elle me dit qu'elle a une amie à Tours. Elle l'appela donc, et celle-ci se trouva disponible et accepta de m'héberger. En effet, elle avait tout un appartement à elle et inhabité en plein centre-ville de la ville de Joué-Lès-Tours, une petite commune situé au Sud de Tours. Elle vint alors m'attendre à la gare de Tours. Elle me reçut et me donna son appartenant situé au quatrième étage à Joué-lès-Tours pendant plusieurs mois. *Alléluia !*

Cependant, un autre défit me pressait pendant la même période ; celui du payement de ma scolarité. En effet, il me fallait trouver de l'argent pour pays ma scolarité à l'université qui menaçait déjà de me rayer des effectifs si je ne payais pas dans les jours qui suivaient. Toutefois, je n'étais pas vraiment inquiet car je savais que quelque chose de Dieu était en préparation pour moi. Je savais que Dieu me surprendra encore comme toujours. C'est ainsi que deux semaines après mon arrivée, j'eus envie de prier et je me mis à la recherche d'une Église et j'en trouvai une, dénommée Impact Centre Chrétien. Je trouvai une jeune femme originaire de mon pays dans cette assemblée, L'Or-Esther, me dit-elle qu'elle s'appelait. Elle me regarda fixement et compris qu'il y avait quelque chose qui n'allait pas. L'Esprit de Dieu lui montra qu'il y avait un manque en moi et que le temps pressait pour qu'il soit satisfait. Et pourtant je n'y étais pas allé pour chercher une quelconque aide. Elle s'approcha alors de moi, me sonda, et je lui parlai. Elle m'envoya chez le pasteur car c'était un jour où il recevait. Je ne voulus pas aller et je lui répondais que je passerai le voir le lendemain. Elle insista, encore et encore, et ce ne fut qu'à ce moment précis que je compris que c'est Dieu qui me parlait et qu'Il avait décidé de résoudre le problème de mon inscription à l'université. *Alléluia !* J'allai alors voir le pasteur Joyce, c'est son nom, par le biais de sa femme que je vis d'abord. Il me reçut, m'écouta, et mis très vite des gens à ma disposition. Nous allâmes à l'université et quelques jours après, je fus inscris et je devins étudiant, une sœur de l'Eglise au nom de Shella Efone s'engagea à payer mon inscription. *Dieu est vivant !* Ceux qui n'avaient pas cru en moi étaient dans la stupéfaction et la confusion quand ils avaient ouï dire que j'étais déjà inscrit à l'université. Ils se demandaient ce que je pouvais bien avoir comme potion magique pour toujours être satisfait. Ils me donnèrent le nom de Miraculé. Et beaucoup parmi ces gens vinrent me demander de prier pour eux car ils avaient l'impression que Dieu avait une prédisposition d'oreille assez particulière quand c'est moi qui parle avec Lui. Ils eurent l'impression qu'il suffisait que j'inspire et expire de l'air pour que Dieu m'exauce, car, disaient-ils, ils n'avaient jamais vu ça de leur vie. Une personne qui arrive loin sans rien comptant simplement sur Dieu. Ils comprirent ainsi que la manne qui tombait du ciel au compte du peuple d'Israël n'était pas une consolation, mais une expérience vécue. Et sur leur visage et dans leur voix, il s'y lisait un certain respect et un questionnement qui disait : pourquoi n'avions-nous pas cru au départ ? C'est pourquoi je veux que tu saches que tu n'as pas besoins de la validation des gens pour réussir. La foi de Dieu en toi seul te suffit ! Et avec elle, tu arriveras aux résultats auxquels les gens doutaient que tu pouvais arriver. Dieu, sa foi en toi, ta foi en Lui et la compréhension sont tout ce qu'il te faut à toi qui est sur la voie de la réalisation de la vie. *Alléluia !* Sache que ce que Dieu fait avec une personne, c'est pour étonner le reste de la création. Je t'annonce à ce sujet que Dieu étonnera le monde avec toi.

Cette fois j'étais déjà à la recherche d'une chambre. Car il me fallait déjà partir de chez l'amie de ma cousine parce qu'elle déménageait pour aller vivre en campagne, elle voulait déjà rendre la maison à l'agence en charge de l'immeuble, d'une part. Et d'autre part, je voulais me rapprocher de l'université. Alors, je me mis à demander çà et là des aides financières sans succès. Et parfois, j'étais regardé de haut avec peu de considération. Mais quelques jours après mes démarches pour obtenir un logement, m'étant rendu à la salle informatique de l'université, j'avais reçu un coup de téléphone et je sortis répondre dehors pour ne pas perturber. Je répondis à mon coup de fil devant un tableau d'affichage. Quand j'eus fini de répondre, la première chose que je vis c'était l'annonce de ce particulier qui offrait gracieusement une chambre à un étudiant en échange de quelques services. Te rends-tu compte ? Et je dis alors avec autorité et conviction : « *c'est mon annonce ! C'est ma chambre !* » Et cela fut comme tel. J'avais eu une chambre gratuitement et située à 10 minutes de ma faculté. Les services rendus à cette dame âgée étaient seulement de lui arrêter les lumières la nuit à 11 heures et de lui donné à manger à 11 heures et demi (11h30) tous les dimanches. Et ma vie chrétienne n'en fut pas affectée puisse que juste à côté de là, il y avait une Eglise qui célébrait des cultes à 4 heures du soir (16h00). *Le Seigneur est merveilleux ! Et tout vient facilement et rapidement à ceux qui l'aiment. Alléluia ! L'épreuve n'est qu'une école de la sagesse et nous apprend la patience. Il est l'unité de mesure de la foi. Il est le bâton qui affermit nos pieds d'enfants jusqu'à ce que nous marchions correctement droit. Essaie d'aimer Dieu et tu verras à quel point aucun vocabulaire des langues humaines n'a nullement la capacité d'exprimer les merveilles qu'Il manifestera dans ta vie.*

Je veux te confier quelque chose. Je veux te dire que je n'ai jamais été surpris des interventions de Dieu dans ma vie. Ce qui m'a très souvent et toujours surpris, ce sont les voies par lesquelles Il passe et les méthodes qu'Il utilise pour me prouver sa fidélité. Ces méthodes de Dieu me font souvent sourire tout seul dans la rue quand j'y pense, des fois des gens me regardent et ne comprennent pas ce qui me fait sourire. Mais il y a des choses que les gens ne peuvent pas comprendre parce qu'ils ne sont pas Toi. *Je t'aime Seigneur ! Je T'aime de toute ma vie. Sans Toi, je ne suis pas, mais avec Toi, je suis tout ! C'est pourquoi je veux me perdre en Toi tout entièrement pour me retrouver. Car Tu es mon Repère et ma Référence. Je veux que Tu pénètres totalement dans tout mon être, que Tu me fasses devenir Toi en restant moi dès aujourd'hui, jusqu'au jour où je reviendrai dans ton éternité ! Je veux Te sentir Te promener en moi comme un souverain roi se promènerait dans sa cours royale ! Car je suis Ta Cours Royale. Je veux que là où Tu es que je sois, que ma présence marque Ta présence et que mon départ annonce que Tu T'en vas. Je veux former avec Toi ce que Tu formes avec Tes sept Esprits : une unité parfaite, le chandelier. Alléluia ! Alléluia ! Alléluia ! Je t'aime Seigneur, et Toi davantage, je le sais !*

Aujourd'hui, je veux encore bénir Dieu pour tout ce qu'il fait dans ma vie. Nous avons tous les deux commencé une grande histoire d'amour et je ne veux pas que ça s'arrête. Car il n'y a rien de tel pour moi que d'être dans sa présence et de me perdre sous ses ailes. Il n'y a rien de tel pour moi que de m'oublier entre ses bras sécuritaires. Par sa fidélité, Il me rendra fidèle et parachèvera cette belle œuvre qu'Il a commencé en moi, au nom de Jésus. Ma prière profonde est de devenir en ce 21ème siècle, l'une des voix les plus porteuses de l'évangile de Jésus-Christ. Je souhaite que Dieu m'amène partout pour parler de son amour. Je souhaite qu'Il me face arriver où personne ne veut arriver et où personne n'est jamais arrivé pour annoncer l'évangile du salut. Je veux qu'Il m'utilise jusqu'à usure de ma chair. Il a commencé à m'utiliser dans de petites choses, je veux qu'Il m'en confie de plus grandes. J'ai commencé à pêcher dans de petites eaux, je veux qu'Il m'entraine dans des eaux profondes, à l'endroit où les filets se rompent. *Seigneur, je suis disponible pour toi car Tu l'as été pour moi et Tu continues de l'être. Je veux déplacer des montagnes pour Toi. Je veux que des milliards de gens reviennent à Toi parce que Tu m'aurais utilisé. Je veux passer le restant de mes jours avec un micro dans la bouche sans m'en lasser et des foules en face de moi en leur disant chaque jour, des choses nouvelles parce que Tu es le Dieu du nouveau, et parce que Tu as fait pour moi, ce que le monde n'en a point été capable à mon endroit : me donner à nouveau le trône et la royauté pour que je gouverne et règne de nouveau.* En effet, je suis aujourd'hui respecté et honoré par tous ceux qui m'ont vu dans les profondeurs de l'abîme. Ils n'en reviennent pas qu'un enfant de la rue et d'une extrême pauvreté que je fus, puisse arriver aux résultats auxquels j'arrive aujourd'hui. Beaucoup d'entre eux commence à réaliser que Tu n'es pas une **"simple consolation"**, mais le Dieu de l'univers qui existe de toute éternité. Beaucoup d'entre ces gens commencent à dire : seul l'Eternel est Dieu. *Alléluia !*

Dieu est entrain de confondre les gens à mon propos, et parfois, moi-même je n'en reviens pas. Ceux vers qui j'allais demander de l'aide sont désormais ceux qui viennent vers moi demander du soutien. Aujourd'hui, mon statut a changé au sein de ma famille. Aujourd'hui, les regards qui sont portés sur moi ont changé. Aujourd'hui, ce n'est plus la méprise qu'on m'offre, c'est le respect et la considération. Les honneurs ont changé de camp, ils sont désormais de mon côté, et ce n'est que le commencement du début de la gloire. Alléluia !

XI

Dieu est vivant

Je t'ai raconté mon histoire pour que tu saches que Dieu est vivant. Il peut changer ta situation. Il peut convoquer une Assemblée Générale dans les cieux rien que pour toi. Et au moment où je te parle, je t'annonce que Dieu est en réunion avec ses anges pour revoir ton statut ! Le ciel est en alerte pour une âme que Dieu a décidé de restaurer maintenant même parce qu'il faut que ça change, au nom de Jésus ! Tu mérites d'être heureux et d'expérimenter la joie d'être enfant de Dieu. Sache-le, Dieu souffre d'un ardent désir de te bénir. Il veut que tu t'asseyes à ton tour sur le trône de la joie et de la grâce et que tu voies que la vie n'est pas un supplice, mais plutôt un délice à savourer pleinement. C'est pourquoi je t'invite à t'oublier en Dieu et à te perdre en Lui. Je t'invite à t'évanouir dans les bras de Dieu, Il te ranimera Lui-même. Je t'invite à venir échouer dans ses bras car Il les a ouverts pour toi voici 2.000 ans et ils te restent ouverts attendant que tu arrives. Dieu est là, Il est proche de toi, Il est tout proche de toi, Il est plus proche de toi que tu ne l'es de toi-même. Dieu ressent ce que tu ressens avant que tu ne le ressentes. Car il est en toi. Il est à la source de ton esprit. Dieu peut et veut faire pour toi ce qu'Il a fait pour plusieurs qui étaient dans les larmes, l'affliction, le deuil et la souffrance. Dieu veut faire pour toi, ce qu'il a fait pour moi et qu'Il continue de faire. Je veux que tu saches que Dieu peut t'amener au-delà de toute espérance, tel est mon cas. Personne ne pensait que Dieu pouvait me prendre d'Afrique et m'emmener en Europe avec 5 Euros en poche, l'équivalent de 3.275 Francs CFA. Personne ne me pensait être capable d'un exploit. Mais c'est pourtant ce que personne ne croyait qui est arrivé. Car seule la foi de Dieu sur sa créature suffit pour que celle-ci arrive aux résultats auxquels Il croit qu'elle peut arriver. Dieu croit en toi et c'est largement suffisent pour que tu réussisses. Tu as donc la majorité à tes coté et cette majorité veux que tu excelles. Ne te décourage pas. Ce n'est pas encore fini, même si le monde te le dit. Sache que la fin chez l'homme marque le début chez Dieu. Car c'est là où s'arrêtent les possibilités de l'homme que naissent celles de Dieu. C'est pourquoi Il s'appelle le Dieu de l'impossible.

Ne sois plus amer envers les souffrances que tu as vécues car elles t'ont préparées à ce présent instant. Elles t'ont préparées à rencontrer Dieu, parce que Dieu ne parle au cœur de l'homme que dans le désert c'est-à-dire dans la souffrance (Osée 2/14).

As-tu un problème ? Es-tu malade ? As-tu des choses que tu veux faire ? Échoues-tu toujours aux portes de la réussite ? Te sens-tu alourdi par le monde et ces maux ? Tourne les regards vers Dieu car lorsqu'on tourne vers lui les regards, on est rayonnant de joie et le visage ne se couvre point de déception (Psaume 34/5). Sache qu'auprès de Dieu, il y a une solution à chaque problème et que la solution existe toujours avant le problème parce que Dieu est la solution et Il existe depuis l'éternité et avant toute chose c'est-à-dire avant même le problème. Toute chose s'origine en Lui et rien en dehors de Lui n'est. Même les satanistes arrivés au fond des profondeurs du mal, finissent toujours par ne rencontrer que Dieu. Car Dieu est une Totalité, et le mal est une tâche dans la Totalité. Je ne suis pas entrain de dire que Dieu est tâché, car il n'y a aucune trace de ténèbres en Lui (1 Jean1/5). Mais, que la tâche qu'est le mal est un microcosme dans le macrocosme de la création, macrocosme qu'est aussi Dieu Lui-même, et rien en cette tâche ne Lui est inconnu (Daniel 2/22). Ça veut dire que la tâche est circonscrite et qu'elle est devant Dieu comme un grain de sable serait devant toi. Celui donc qui pénètre la tâche à quelques endroits que ce soit, finit toujours par ressortir de l'autre côté de celle-ci et ne retombe au final que dans le macrocosme c'est-à-dire dans la présence de Dieu. C'est pourquoi ceux qui entre dans la tâche du mal et s'y enfonce, en ressortant de l'autre côté de la tâche, rencontre très souvent Dieu de nouveau, et finissent toujours par réaliser que où qu'ils aillent, c'est Dieu qu'ils rencontreront. Et très souvent, ces gens tombent front contre terre et confessent que seul l'Eternel est Dieu. Car ils réalisent que c'est Dieu qui tient le monde dans sa main (Psaume 95/4), qu'Il est tout puissant, et que rien ne lui échappe. Et Habacuc, en reconnaissant cette toute puissance de Dieu disait à ce propos qu' : « *Il s'arrête, et de l'œil il mesure la terre; Il regarde, et il fait trembler les nations; les montagnes éternelles se brisent, les collines antiques s'abaissent; les sentiers d'autrefois s'ouvrent devant lui.* » (Habacuc 3/6).

C'est pourquoi je veux te dire que Dieu est tout ce qu'il te faut pour la révision de tes standards. La magie, l'occultisme, la sorcellerie, la religion, les systèmes de pensée de ce monde tels que le communisme, le socialisme, le libéralisme ou les traditions, les coutumes et les cultures ne sont pas en mesure de t'aider, Dieu seul en est capable. Car c'est Lui le maître d'œuvre et c'est Lui la personne à qui on doit s'en référer lorsque les repères sont perdus et lorsque les situations sont désagréables à vivre. En effet, c'est Lui qui fixe les limites. C'est Lui qui les place et les déplace selon qu'Il le veut. Et te concernant, il a décidé de revoir tes frontières (Deutéronome 32/8 ; Actes 17/26). Et Il est disponible pour cette révision. Ne dis donc plus « *j'ai fait beaucoup de mal, comment Dieu m'accepterait-il ?* » Sache que Dieu n'est pas influencé par ton passé. Il ne choisira jamais de bénir une personne parce qu'elle se serait bien comportée, bien qu'en toute nation celui qui le craint et qui pratique la justice lui est agréable (Actes 10/35). Mais Il bénira parce qu'Il l'a décidé. Car l'œil de Dieu est sur le bon comme sur le méchant selon son désir et ne fait acception de personne (Actes 10/34).

N'accuse plus le monde pour ce que tu as vécu ou fait de mal. Ne te culpabilises plus et ne vis plus dans ton passé, parce que toute personne qui marche les yeux dans le dos n'arrive jamais bien loin dans la vie. Cette personne finit toujours par trébucher et par tomber. Car la vue est ce qui dirige les pas, et lorsqu'on ne l'as pas, on ne peut aller nulle part si ce n'est que dans le précipice. C'est pourquoi Dieu dit : « *...un homme intelligent suit le droit chemin* » (Proverbes 15/21b). Autrement dit, il fait attention où il marche parce que c'est l'œil qui conduit le corps. Et Jésus-Christ le disait en ces termes : « *L'œil est la lampe du corps. Si ton œil est en bon état, tout ton corps sera éclairé; mais si ton œil est en mauvais état, tout ton corps sera dans les ténèbres. Si donc la lumière qui est en toi est ténèbres, combien seront grandes ces ténèbres!* » (Mattieu 6/ 22-23).

Il faut donc que tu revois ton système optique. Car avoir toujours tes pensées noyées dans ta vie passée t'empêchera de regarder dans ton futur et d'éclairer pour ainsi dire, ton corps aujourd'hui. Que suis-je entrain de te dire ? Tout simplement que les gens qui vivent dans le passé non pas de vision car ils ont une vue altérée. Or, sans vision, il n'y a pas de destinée parce que la vision est le GPS intérieur qui montre à un homme, à une femme où il/elle va dans la vie. En l'absence de la vision et donc du GPS intérieur, tu mettras, au lieu de 21 jours dans la traversée du désert, mais 40 ans. (Nombres 14/26-33). Car en l'absence de la vision, ce sont les murmures et l'amertume qui s'installent parce que ta vie serait sans dessous dessus. C'est la vision qui remplit une vie de joie parce qu'elle justifie ce pourquoi on est là. C'est pourquoi Dieu disait à Habacuc : « *...Ecris **la prophétie**: Grave-la sur des tables, Afin qu'on la lise couramment. Car c'est une prophétie dont **le temps est déjà fixé**, **Elle marche vers son terme**, et elle ne mentira pas; Si elle tarde, attends-la, Car elle s'accomplira, elle s'accomplira certainement.* » (Habacuc 2/2-3).

Car c'est la prophétie qui fixe les choses dans l'espace et dans le temps et c'est elle qui donne une destinée parce qu'elle marche vers un but. La prophétie, c'est la vision.

Aussi, ne te dis plus être seul au monde, car le ministère des anges t'environne attendant tes ordonnances parce que Dieu l'a mis à ta disposition pour qu'il sécurise tous les domaines de ta vie autant physique, émotionnel que spirituel. (Psaume 91/11). Ces anges sont tous des esprits au service de Dieu, envoyés par Lui pour exercer un ministère en faveur de ceux qui doivent hériter du salut, donc toi (Hébreux 1/14). Et Dieu te dit à ce propos : « *Mon enfant, ça suffit, sèche tes larmes. Une nouvelle histoire est possible, un nouveau départ disponible. Tu n'as qu'à passer commande de toute ton âme et de tout ton cœur pour que cela arrive.* », ouvre ton cœur et passe cette commande du bonheur. Car le paradis de Dieu, c'est-à-dire son siège, est dans le cœur de l'homme, comme le dit le texte original grec de Luc 17/21 *entos humôn*, et sa traduction latine exacte dans la Vulgate donne *intra vos*. Ces traductions signifient, en effet, « *à l'intérieur de vous* » ou « *en vous* ». C'est pourquoi si tu passes par le cœur, et toutes les fois que tu y passeras, tu atteindras toujours la sensibilité de Dieu quand tu Lui demanderais quelque chose parce que le trésor de Dieu est dans ton cœur. Et, là où est le trésor d'un homme, là aussi sera son cœur c'est-à-dire son point sensible (Matthieu 6/21).

Alors, je t'invite à ouvrir ton cœur et à faire cette prière avec moi :

Seigneur, Tu es mon Dieu, Toi le Roi de l'univers qui vit à la source de mon esprit. Ma vie a été une succession d'épreuves et de douleurs, et j'ai maintes fois essayé de m'en sortir de mes propres moyens mais sans succès.

Car j'empirais davantage dans la souffrance. Ceci était une preuve pour moi que sans Toi, je pouvais rien. C'est pourquoi, aujourd'hui, je t'abandonne ma vie telle qu'elle est.

Je Te la donne avec toutes ses infirmités, ses douleurs et ses blessures afin que Tu la restaures, que Tu répares tout ce qui a été endommagé par le péché de ma vie, par mes ancêtres et par les hommes.

Je t'abandonne mon être tout entier afin que Tu fasses cette nouvelle œuvre en lui pour que je redevienne une créature merveilleuse, et rayonnante à tes yeux et aux yeux du monde.

Je veux repartir de zéro avec toi pour arriver quelque part. Je veux que Tu lises Ton reflet en moi.

Je veux que mon corps devienne Ta demeure comme Ton sein est ma demeure depuis l'éternité.

Je veux que mon esprit et mon subconscient soient le lieu où se manifeste et se déploie le Christ.

Je veux que mon esprit se mêle à ton Esprit et que tous deux deviennent un seul et même Esprit.

Seigneur, je veux que mon corps, mon âme et mon esprit qui sont les étages qui conduisent à Ton Royaume au cœur de mon tréfonds deviennent Ta propriété exclusive. Car je suis à Toi et je Te prie de disposer de moi.

Je veux dès aujourd'hui, ressentir le sang du Christ dans mes veines attestant que je suis désormais une nouvelle créature en laquelle toutes les choses anciennes sont passées pour faire place à nouveau à la gloire de Dieu et pour mon bonheur. Au nom de Jésus-Christ. Amen.

A partir de cet instant, sache qu'une nouvelle créature est sortie des tuyaux de Dieu. Sache que c'est le début d'une nouvelle histoire et donc c'est une nouvelle page qui s'ouvre à partir de maintenant pour toi. Dieu se lève dès aujourd'hui à ton sujet car tu L'as invoqué. Et puisque tu L'as invoqué, Il va accomplir Sa promesse qui dit : « *...invoque-moi au jour de la détresse; Je te délivrerai, et tu me glorifieras* » (Psaume55/15).

Sache que Dieu n'est pas homme pour mentir, ni fils d'un homme pour se repentir. Il accomplit toujours de Sa main ce que Sa bouche a libéré. Car Il ne peut se renier lui-même. C'est pourquoi Nombres 23/19 dit : « *Dieu n'est point un homme pour mentir, Ni fils d'un homme pour se repentir. Ce qu'il a dit, ne le fera-t-il pas? Ce qu'il a déclaré, ne l'exécutera-t-il pas?* »

Dieu va donc accomplir ses promesses. Et ceux qui t'ont combattu viendront se prosterner devant toi (Apocalypse 3/7-13). Ceux qui t'ont vus dans les profondeurs de l'abîme sauront que tu as un Dieu. Ils sauront que ton Dieu est le Dieu de l'impossible, qu'Il est Celui qui mise dans ce qui n'existe pas mais qui finit par susciter des acclamations à la fin. Ils verront que Dieu est Celui qui prend les gens qui ne sortent de nulle part pour les faire arriver loin selon ses promesses (1Samuel 10/3). Et tous, à travers toi, verront jusqu'où va la fidélité de Dieu dans ses promesses comme il a déclaré en Genèse 28/15 : « *Voici, je suis avec toi, je te garderai partout où tu iras, et je te ramènerai dans ce pays; car je ne t'abandonnerai point, que je n'aie exécuté ce que je te dis.* » C'est pourquoi je veux te demander de renoncer à attendre quelque chose de toi-même, à chercher secours en l'homme; mais abandonne-toi, sans réserve, à Dieu et c'est Lui qui agira pour toi. Car Il est comme une femme qui n'abandonne pas son nourrisson tel qu'il est écrit dans Esaïe 49 : 15-16 : « *La femme oublie-t-elle son nourrisson, oublie-t-elle de montrer sa tendresse à l'enfant de sa chair ? Même si celles-là oubliaient, moi, je ne t'oublierais pas ! Voici que sur mes paumes je t'ai gravé, que tes murailles sont constamment sous ma vue.* » Dieu te tient suspendu à sa mamelle, rien de mal ne t'arrivera. Il est en route pour toi, et même s'Il semble à tes yeux prendre du retard, Il n'en est rien du tout. Il arrivera à l'heure qu'Il s'est fixé pour accomplir ses promesses. A ce propos, Il prit rendez-vous avec Abraham et Il lui démontra sa fidélité 25 ans après (Genèse 17/2 ; 18/10). De même, Il prit rendez-vous avec Joseph et arriva 13 ans plus tard accomplir ses promesses pour sa vie. Dieu viendra et Il arrive !

XII

Attends à Dieu

Tu étais sujet au découragement, au désespoir, à l'envie au suicide, au désarroi, à la dépression, au deuil, aux larmes... Pour toi Dieu n'était pas à l'heure... Il tardait, Il n'avait toujours pas répondu jusqu'à présent... Ainsi, tu as eu envie de tenter tes propres solutions... Non ! Tiens-bon, ne bouge pas ! Dieu est un sage investisseur des questions de temps, et son temps d'intervention est le meilleur ! Attends à Dieu. Il porte un regard particulier sur toi. Attends-toi à celui en face de qui toute la terre tremble. Fais confiance à Dieu car de jour, Il commandera à sa bonté de se manifester pour toi; et de nuit, son cantique sera avec toi, et ta prière Lui parviendra, et Lui est déjà parvenue. Tiens bon, le secours est en chemin, parce que tout problème te concernant est important aux yeux de Dieu. C'est pourquoi je te demande de parler à ton âme. Dis-lui de se calmer comme David l'avait dit à son âme en disant : « *Pourquoi t'abats-tu, mon âme, et gémis-tu sur moi ? Attends-toi à Dieu...* » (Psaume43/5a). Dis à ton âme : mon âme les opportunités pour être abattu ou pour vivre la tristesse ou le découragement et d'avoir une mauvaise attitude, ne manquent pas, mais Dieu veut que je reste fort en Lui comme l'a été David en son temps. Car l'heure qui devait arriver est arrivée et arrive encore. L'heure de ma restauration en Dieu. Le secours est en chemin, calme toi ! »

A partir de maintenant, toutes les forteresses qui te retenaient au sol n'auront plus d'emprise sur toi car elles sont entrain de faire leurs valises illico presto parce qu'il y a une sécurité divine qui se presse vers elles. Le temps qui devait arriver est arrivé, Dieu combat pour toi, n'ait crainte ! (2 Chroniques 32/8). Attends-toi à la victoire car tu as la majorité absolue à tes côtés (2 Rois6/165). Reste calme ! Toute la malice de Satan est entrain de se retirer pour sa propre sécurité au nom de Jésus !

A partir de maintenant, le propriétaire vient reprendre ses droits sur sa propriété. Je commande alors au locataire infâme de libérer le domicile sans préavis aucun, au nom de Jésus. Aujourd'hui, la bonne santé justifie sa raison d'être là en se déployant dans ta vie. Les écluses des cieux s'ouvrent pour toi et l'abondance en tous égards descend dans ta vie comme l'huile précieuse décent sur la barbe d'Aaron. C'est pourquoi je maudis la maladie et je maudis toutes les malédictions qui s'étaient liguées et réjouies contre toi jusqu'ici. Car l'heure de la bénédiction est arrivée et le bénisseur est déjà là. Ressens-le maintenant ! Tout est désormais possible car Dieu s'est prononcé en ta faveur. A partir de maintenant les douleurs vont changer de camp Car il y a un retour immédiat à l'envoyeur, au nom de Jésus ! Sache que le diable ne peut pas supporter ton bonheur, et ton sourire le rend fou. Mais il va devoir y faire avec car l'oppression est terminée ! Sa joie qui était de te voir toujours dépressif, maladif, plaintif, se change en douleur dans son propre camp. Car ce jour est un jour de repositionnement et d'accomplissement des promesses de Dieu.

Ne te lamente plus et ne te sens plus oppressé par l'enfer. Car il a été vaincu par le sang de l'agneau comme il est écrit : « *Ils l'ont vaincu à cause du sang de l'agneau et à cause de la parole de leur témoignage, et ils n'ont pas aimé leur vie jusqu'à craindre la mort.*» (Apocalypse 12/11).

Ainsi, deviens celui en face de qui les démons cachent leurs visages par pur terreur de ta personne à cause de ton témoignage. Car le passage de Dieu dans ta vie ne te laissera pas bouche cousue parce que lorsque Dieu passe dans la vie d'une personne, il y a toujours le témoignage qui reste attestant qu'il est bel et bien passé par là (Luc 8/38-39).

Aujourd'hui, je t'invite aussi à être courageux et déterminé car Jésus s'arrête toujours pour ceux qui sont courageux et qui ne se laissent pas taire par le monde (Marc 10/46-52 ; Luc 19/1-10). Quel que soit ce qui te manque, si tu es déterminé, cela te rend légal de l'obtenir. C'est pourquoi Dieu vient toujours dîner avec celui qui est prêt à grimper sur un arbre pour le voir. Puisses-tu grimper sur cet arbre aujourd'hui et expérimenter les mystères de Dieu que je vois entrain de tourner autour de toi. A partir de maintenant, tu devras marcher en vainqueur gagnant par la foi. Car Dieu va faire irruption dans ta vie par la puissance du Saint-Esprit parce que tu L'y as invité. Sache que Dieu est le Maître des temps et des circonstances et que tout ce qui arrive est dans le plan. Il n'est jamais surpris. Tout est dans son dessein parfait et les choses vont selon qu'Il a décidé parce que tout ce qu'Il fait a un but (Proverbes 16/4). Alors te concernant, comprend qu'Il ne viendra pas en avance, qu'Il ne viendra pas en retard, mais qu'Il viendra au moment opportun. Ainsi, quelle que soit la situation ou quoi que disent les autres autour de toi, tiens bon. Le secouriste est en chemin ! Dieu arrive ! Il arrive te rendre justice et accomplir ses promesses au nom de Jésus !

D'ores et déjà, je te souhaite beaucoup de succès en Dieu et rendez-vous au sommet, à l'assemblée des violents du Royaume et des vases d'honneurs de Sa Majesté Dieu (Matthieu 11/12, Luc 16/16 ; 2 Timothée 2/20). Amen.

Just ATSAM

HIPPDPLGH

P.cia

Gmail: justatsam@gmail.com

Facebook: atsam.just@yahoo.fr

Dieu n'est pas un conte de fée. Dieu est une réalité expérimentable dans la chair. Il n'est pas dans la religion, Il est dans la révélation. C'est pourquoi ceux qui partent rechercher Dieu dans la religion s'en retourne découragé et abandonnent la foi parce qu'Il ne le trouve pas.

Just ATSAM

Bibliographie

Just ATSAM est un auteur dont les écrits sont une inspiration divine. Il est né un 25 août 1988 à Libreville au GABON. Il est quatrième d'une famille de huit enfants et dont la mère a montré le chemin de l'Église avant leur âge majoré. Just ATSAM connaît une enfance traumatisante, il est enfant de la rue à l'âge de neuf ans, il n'est pas scolarisé pendant plusieurs années et est victime de nombreux abus physiques et sexuels dès ses 6 ans. Mais par la grâce de Dieu, il arriva à reprendre ses études et obtient une licence en littérature française à l'université de Libreville en 2013. Actuellement, il est étudiant à l'Université de Tours en France où il suit un cursus en master linguistique avancée et appliquée.

Ses œuvres :

- *Recueil de Proclamation Prophétique et d'Adoration*. Vol. I, Ed. Croix du Salut, Allemagne, 26 septembre 2014.
- *L'Histoire de Just*. Ed. Croix du Salut, Allemagne, 2015.

Résumé de l'œuvre

L'Histoire de Just est une histoire avérée. Elle raconte le vécu depuis son enfance de Just ATSAM. Elle montre les expériences qu'il a vécues avec Dieu, ce qu'il a subit, les défis qu'il a relevé et les résultats auxquels il est arrivé dans sa vie grâce à Dieu. Par cet œuvre, il veut aller au chevet de ceux qui souffrent et qui traversent des difficultés dans la vie pour leur dire qu'il est possible que Dieu fasse pour eux ce qu'il a fait pour lui, et qu'il peut aller au-delà de ce qu'Il a fait pour lui. Il veut, par cet œuvre, attester à ceux qui recherchent un soutien que seul Dieu est le soutien qui leur faut pour que leur vie retrouve du sens. Il veut dire à quelqu'un, par ce témoignage, de ne pas se confier à l'Homme mais à Dieu. Car Dieu est largement suffisant et seul capable de changer la vie d'un homme, d'une femme, d'une famille, d'un peuple, d'un pays et d'un monde tout entier. Il veut enfin dire à toute personne en difficultés à travers cette histoire de tenir bon, car Dieu est en chemin.

Oui, je veux morebooks!

I want morebooks!

Buy your books fast and straightforward online - at one of the world's fastest growing online book stores! Environmentally sound due to Print-on-Demand technologies.

Buy your books online at
www.get-morebooks.com

Achetez vos livres en ligne, vite et bien, sur l'une des librairies en ligne les plus performantes au monde!
En protégeant nos ressources et notre environnement grâce à l'impression à la demande.

La librairie en ligne pour acheter plus vite
www.morebooks.fr

OmniScriptum Marketing DEU GmbH
Heinrich-Böcking-Str. 6-8
D - 66121 Saarbrücken
Telefax: +49 681 93 81 567-9

info@omniscriptum.com
www.omniscriptum.com